Mix Genuss
LEICHTE GERICHTE UNTER 500 KCAL
AF727345

FRÜHSTÜCK

SALATE & TO GO

REZEPTÜBERSICHT

WARME GERICHTE

Allgemeine INFOS

ABNEHMEN FUNKTIONIERT NACH EINEM EINFACHEN GRUNDPRINZIP

Sie brauchen ein Kaloriendefizit! Das heißt: Essen Sie weniger, als Sie verbrauchen, nehmen Sie ab. Ja, klingt sehr einfach - ist es auch. Ich muss ehrlich sagen, damit habe ich die beste Erfahrung gemacht. Durch die richtige Auswahl der Rezepte ist man lange satt und hungert nicht.
Der Vorteil: Man hält die Diät länger durch.

Es gibt am Markt mittlerweile jede Menge Apps, um die Kalorien-Anzahl zu tracken. Die meisten Apps kann man sich kostenlos auf's Smartphone laden. Ein weiterer Vorteil ist, dass man ein Gefühl dafür bekommt, welche Lebensmittel viele Kalorien und Fett enthalten und welche wenig.

Zusätzlich gibt es bei einigen Apps die Möglichkeit, diese mit einer Smartwatch/ Fitnessuhr zu koppeln. So können Sie an Tagen, an denen Sie Sport machen, auch mehr essen oder sich mal etwas gönnen. Es bedarf am Anfang etwas Zeit und Planung, aber man kommt sehr schnell rein. Und wenn die Pfunde zu purzeln beginnen, freut man sich umso mehr.

Jo-Jo-Effekt? Bei einer langfristigen proteinreichen Ernährung (bei, der man zugleich auch den Anteil an Kohlenhydraten reduziert) bleibt der Effekt aus und Sie können langfristig schlank bleiben! Wer aber nach einer Eiweißdiät wieder deutlich mehr Kohlenhydrate isst, wird mit dem Jo-Jo-Effekt rechnen müssen. Die Ernährung muss also langfristig auf eine eiweißreiche Ernährung umgestellt werden.

THUNFISCH ALTERNATIVEN

In einigen Rezepten wird Thunfisch (Konserve) verwendet. Wer keinen Fisch möchte, kann hier mageren Kochschinken oder Putenbrustaufschnitt verwenden.

Vegetarier können Avocado verwenden, z.B. beim Sandwich auf Seite 17. Beim Linsen-Nudelsalat auf Seite 22 kann man stattdessen als Proteinquelle fettarmen Mozzarella verwenden.

KNUSPRIGES TOPPING FÜR SALATE UND BOWLS – AUCH IDEAL ZUM SNACKEN VOR DEM FERNSEHER!

TOPPING TIPP:

GERÖSTETE KICHERERBSEN

Und so geht's:
200 g Kichererbsen (Dose)
2 TL Olivenöl
1 TL Paprikapulver, geräuchert
1 TL Knoblauch, granuliert
1 TL Salz

Kichererbsen waschen, auf einem Küchenkrepp trocknen und lose Schalen entfernen. Kichererbsen in eine Schüssel geben, Öl und Gewürze zugeben und vermengen. Backofen auf 180°C Umluft vorheizen. Kichererbsen auf ein mit Backpapier belegtes Backblech geben und im vorgeheizten Backofen ca. 20-25 Min. rösten. Nach der Hälfte der Zeit etwas wenden.

12 Portionen = 12 EL

Paprika- HUMMUS

FERTIG IN **10** *Min.*

ZUTATEN

250 g Kichererbsen (Dose)
50 g geröstete Paprika, aus dem Glas
1/2 rote Chilischote, entkernt
1 kl. Handvoll Petersilie
30 g Tahin (Sesampaste)
50 g Wasser
1 Zitrone, Saft davon (40 g)
1 TL Öl
1 TL Paprikapulver, rosenscharf
1/2 TL Salz
2 Msp. Kreuzkümmel, gem.

ZUBEREITUNG

Kichererbsen unter fließendem Wasser waschen und in den Mixtopf geben.

Restliche Zutaten zugeben und **10 Sek./Stufe 5** mixen. Alles mit dem Spatel nach unten schieben und **1 Min./Stufe 3.5** cremig rühren.

PRO EL:

49 kcal | 1,9 g EW | 4,2 g KH | 2,3 g Fett

9 Stück = 3 Portionen

Skyr-PANCAKES

WER MÖCHTE, KANN AUCH BEEREN MIT EINBACKEN.

FERTIG IN 10 Min.

ZUTATEN

100 g	Skyr, natur
50 g	Weizenmehl, Type 405
50 g	Mineralwasser, spritzig
2	Eier (Gr. M)
1 Msp.	Backpulver
einige Tropfen	Bittermandelaroma

Außerdem:

1 TL	Öl zum Braten
1 TL	Puderzucker zum Bestäuben

ZUBEREITUNG

Alle Zutaten in den Mixtopf geben und **10 Sek./Stufe 3.5** mixen. Mit dem Spatel Reste vom Mixtopfrand lösen und erneut **5 Sek./Stufe 3.5** vermengen. In einer beschichteten Pfanne mit Öl 9 Pancakes backen. Mit Puderzucker bestäubt servieren.

PRO PORTION:

156 kcal | 9,4 g EW | 15,6 g KH | 5,9 g Fett

1 Portion

Frühstücks-QUARK
mit Hüttenkäse

FERTIG IN 10 Min.

ZUTATEN

200 g	körniger Frischkäse, 0,8% (Hüttenkäse)
125 g	Magerquark
etwas	Vanillearoma
etwas	Zimt
1 TL	Honig
2 EL	Milch, 1,5%
1	Erdbeere
4	Brombeeren
1/2	Passionsfrucht
1/2 TL	Chia-Samen
1 TL	Salatkerne

ZUBEREITUNG

Hüttenkäse, Magerquark, Vanillearoma, Zimt, Honig und Milch in den Mixtopf geben und **10 Sek./Stufe 3.5** vermengen. In eine Schüssel geben.

Mit Obst, Chia-Samen und Salatkernen garnieren.

PRO PORTION:

326 kcal | 44,8 g EW | 18,4 g KH | 6,4 g Fett

1 Portion

Erdbeer-FRÜHSTÜCKS-BOWL

mit Haferflocken

FERTIG IN 10 Min.

ZUTATEN

150 g	Erdbeeren
130 g	Kokosjoghurt
etwas	Vanillearoma
1/4 TL	Zimt
1 Spritzer	Limettensaft
80 g	Milch, 1,5%
50 g	feine Haferflocken
1 TL	Chia-Samen
4 Scheiben	Banane
5	blaue Weintrauben
1	Erdbeere
1/2 TL	Kokosflocken

ZUBEREITUNG

150 g Erdbeeren, Kokosjoghurt, Vanillearoma, Zimt und Limettensaft im Mixtopf **10 Sek./Stufe 5-6** mixen. Milch, Haferflocken und Chia-Samen zugeben und **10 Sek./Stufe 3** vermengen. In eine Schüssel füllen und über Nacht in den Kühlschrank stellen. Bowl mit Früchten und Kokosflocken garnieren.

PRO PORTION:

490 kcal | 14,3 g EW | 58,2 g KH | 18,9 g Fett

2 Portionen

Surimi-SALAT

mit Radieschen

FERTIG IN 10 Min.

ZUTATEN

1/2	Chinakohl (250 g)
2	Tomaten
12	Surimistangen (200 g)
1 Stange	Staudensellerie
60 g	Radieschen
70 g	Mais (Dose)

FÜR DAS DRESSING

1 EL	Öl
40 g	Salatmayonnaise
1 EL	Zitronensaft
1 EL	Balsamicoessig, hell
etwas	Salz & Pfeffer
1 TL	Senf, mittelscharf

ZUBEREITUNG

Chinakohl in feine Streifen schneiden. Tomaten und Surimi klein schneiden. Staudensellerie und Radieschen in Scheiben schneiden. Zusammen mit abgetropftem Mais in eine Schüssel geben. Dressingzutaten gut verrühren und über den Salat geben. Gut vermengen und servieren.

PRO PORTION:

360 kcal | 12,8 g EW | 25,1 g KH | 21,8 g Fett

4 Portionen

Bunter Sommer-SALAT

FERTIG IN 10 Min.

ZUTATEN

1	Avocado
1	grüne Spitzpaprika
1/2	Salatgurke
2	Tomaten
1 kl.	rote Zwiebel
200 g	Fetakäse light, 9% (z.B. Salakis)
3	Orangen
1 Handvoll	schwarze Oliven, entsteint
1 Handvoll	Basilikumblätter

FÜR DAS DRESSING

15 g	Olivenöl
1/2	Orange, Saft davon
1 EL	Zitronensaft
1 EL	Weißweinessig
1 TL	Oregano, getr.
etwas	Salz und Pfeffer

ZUBEREITUNG

Avocado klein würfeln. Mit etwas Zitronensaft beträufeln damit diese nicht braun wird. Paprika, Gurke, Tomaten, Zwiebel und Fetakäse klein würfeln. Alles in eine Schüssel geben. Orangen filetieren und die Filets zum Salat geben. Oliven halbieren, Basilikumblätter klein schneiden und über den Salat geben. Alle Dressingzutaten zugeben und gut vermengen.

PRO PORTION:

352 kcal | 14,4 g EW | 25,1 g KH | 19,1 g Fett

FERTIG IN **10** Min.

TIPP: Hierzu passt gut gebratenes Puten- oder Hähnchenfleisch, Garnelen oder Räuchertofu.

PRO PORTION:

209 kcal	6,9 g EW	15,4 g KH	12,7 g Fett

2 Portionen

Fruchtiger Chinakohl-SALAT

ZUTATEN

1/2	Chinakohl (ca. 250 g)
50 g	Rotkraut
1	Mandarine
1 EL	Sesam, schwarz
etwas	frischer Koriander o. Petersilie

FÜR DAS DRESSING

60 g	Karotte
1	Knoblauchzehe
20 g	Tahin (Sesampaste)
5 g	Sesamöl
1	Limette, Saft davon
etwas	Salz & Pfeffer
1 EL	Sojasauce

ZUBEREITUNG

Chinakohl und Rotkraut in feine Streifen schneiden. Mandarine in Stücke schneiden. Zusammen mit Sesam und Koriander in eine Schüssel geben.

Für das Dressing Karotte und Knoblauch im Mixtopf **5 Sek./Stufe 5** zerkleinern. Restliche Zutaten für das Dressing zugeben und **20 Sek./Stufe 2.5** mixen. Dressing über den Salat geben und gut vermengen.

2 Portionen

Hüttenkäse-BOWL

mit Kichererbsen

FERTIG IN 10 Min.

ZUTATEN

400 g	körniger Frischkäse, 0,8% (Hüttenkäse)
2	Tomaten
1	Avocado
10	grüne Oliven (30 g)
1 EL	Olivenöl
1 EL	Limettensaft
etwas	Salz & Pfeffer
1/4 TL	Paprikapulver, edelsüß
3 EL	geröstete Kichererbsen (s. Rezept Seite 5)

ZUBEREITUNG

Hüttenkäse in eine Schüssel geben. Tomaten und Avocado würfeln. Oliven in Scheiben schneiden.

Zusammen mit den restlichen Zutaten (außer Kirchererbsen) vermengen. Geröstete Kichererbsen darüber geben und servieren.

PRO PORTION:

451 kcal | 31,3 g EW | 14,7 g KH | 28,7 g Fett

2 Portionen

Mango CAPRESE mit Avocado

FERTIG IN 10 Min.

ZUTATEN

1/2	Avocado
1/2	Mango
1 Kugel	Mozzarella, light (125 g)
150 g	Cocktailtomaten
1 EL	Limettensaft
1 EL	Balsamicoessig, hell
1 EL	Olivenöl
etwas	Salz & Pfeffer

ZUBEREITUNG

Avocado, Mango und Mozzarella würfeln. Cocktailtomaten je nach Größe halbieren oder vierteln.

Zusammen mit den restlichen Zutaten vermengen und genießen.

PRO PORTION:

287 kcal | 13,7 g EW | 13,3 g KH | 18,9 g Fett

2 Portionen

Weißer Bohnen SALAT
mit Tomaten & Feta

FERTIG IN 10 Min.

ZUTATEN

300 g	weiße Riesenbohnen (Dose)
150 g	Cocktailtomaten
50 g	Fetakäse light, 9% (z.B. Salakis)
etwas	Petersilie
etwas	Minze
1	rote Zwiebel, halbiert
1 EL	Olivenöl
2 EL	Rotweinessig
etwas	Salz & Pfeffer
1 TL	Oregano, getr.

ZUBEREITUNG

Bohnen absieben und waschen. Cocktailtomaten halbieren. Zusammen mit dem zerbröselten Feta in eine Schüssel geben. Petersilie und Minze im Mixtopf **5 Sek./Stufe 8** hacken. Zwiebel zugeben und **5 Sek./Stufe 5** hacken. Öl, Essig und Gewürze zugeben und **3 Sek./Stufe 3** mischen. Über den Salat geben und vermengen.

MIT ZITRONENSAFT VERFEINERN.

PRO PORTION:

292 kcal | 15,5 g EW | 25,8 g KH | 10,7 g Fett

1 Portion

Thunfisch-SANDWICH

mit Ei & Tomate

FERTIG IN 20 Min.

ZUTATEN

2 Scheiben Toast (à 25 g)	
20 g	geriebener Käse, light
1	Ei, hart gekocht
2 Scheiben Tomaten	
1/4	rote Zwiebel
1 TL	Balsamicoessig, hell
etwas	Rucola
50 g	weißer Thunfisch, natur (Glas)
etwas	Salz & Pfeffer

ZUBEREITUNG

Toastscheiben mit geriebenem Käse bestreuen und im vorgeheizten Backofen bei 200°C Umluft ca. 5 Min. rösten.

Ei und Tomaten in Scheiben schneiden. Zwiebel klein würfeln und mit Balsamicoessig mischen. Toast aus dem Ofen holen und mit allen Zutaten belegen. Mit Salz und Pfeffer würzen.

PRO PORTION:

343 kcal | 29,6 g EW | 27,3 g KH | 12,5 g Fett

FERTIG IN 15 Min.

PRO PORTION:

432 kcal | 28,6 g EW | 16,6 g KH | 29,4 g Fett

2 Portionen

LACHS-TATAR "Asia-Style" mit Avocado & Apfel

ZUTATEN

200 g geräucherter Lachs, am Stück
1 Avocado
1 Limette, Saft davon
etwas Pfeffer, gem.
2 TL Sojasauce
1 kl. Handvoll Koriander
2 Romana-Salatherzen
1/4 rote Zwiebel
1/4 grüner Apfel

FÜR DIE SRIRACHA-LIMETTEN-MAYONNAISE

1 EL Salatmayonnaise
1 EL Naturjoghurt, 1,5%
1 TL Srirachasauce
1 EL Limettensaft
etwas Pfeffer
etwas Salz

ZUBEREITUNG

Lachs und Avocado in kleine Würfel schneiden und in eine Schüssel geben. Saft der Limette auspressen, 1 EL davon für die Mayonnaise beiseitestellen und restlichen Limettensaft über Lachs und Avocado geben. Sojasauce zugeben und mit Pfeffer würzen. Koriander hacken und untermischen.

Salatherzen klein schneiden und auf 2 Teller geben. Tatar mittig darauf platzieren. Zwiebel und Apfel in ganz feine Spalten/Streifen schneiden und auf den Tellern verteilen.

Zutaten für die Sriracha-Mayonnaise in einer kleinen Schüssel verrühren und über das fertige Gericht träufeln.

TIPP: Wer möchte, kann das Kraut und die Karotte auch im Thermomix zerkleinern. Hierzu das Kraut und die Karotte auf 2 x in Stücken in den Mixtopf geben und **5 Sek./Stufe 5** zerkleinern.

FERTIG IN 15 Min.

DAZU PASST SEHR GUT GEBRATENES HÄHNCHEN.

PRO PORTION:

181 kcal | 3,5 g EW | 16,3 g KH | 10,4 g Fett

4 Portionen

Asiatischer KRAUTSALAT

mit Mango & Nüssen

ZUTATEN

350 g	Weißkraut
1 gr.	Karotte
1	Mango
1/2 Bd.	Schnittlauch
1 EL	Erdnüsse, geröstet
1 EL	Sesam, schwarz

FÜR DAS DRESSING

1 TL	Sambal Oelek
2 EL	Sesamöl
2 EL	Sojasauce
2 EL	Weißweinessig
1 EL	Honig
etwas	Salz & Pfeffer

ZUBEREITUNG

Kraut und Karotte fein hobeln. Mango-Fruchtfleisch in feine Streifen schneiden. Schnittlauch in Röllchen schneiden und alles in eine Schüssel geben. Mit gerösteten Erdnüssen und Sesam bestreuen.

Für das Dressing alle Zutaten gut verrühren. Dressing über den Salat geben und gut vermengen.

Der Salat kann auch 1-2 Tage im Kühlschrank aufbewahrt werden und eignet sich auch gut zum Mitnehmen.

2 Portionen

Linsen-NUDELSALAT

mit Thunfisch & Spargel

FERTIG IN 20 Min.

ZUTATEN

125 g rote Linsennudeln
500 g grüner Spargel
1 kl. rote Paprika
135 g weißer Thunfisch, natur (Glas)

FÜR DAS DRESSING

1 EL Salatmayonnaise
1 EL Naturjoghurt, 1,5%
1 TL Öl
3 EL Weißweinessig
1 gestr. TL Paprikapulver, edelsüß
etwas Salz & Pfeffer
etwas Zitronensaft
1 kl. Hdv. gehackte Petersilie

ZUBEREITUNG

Linsennudeln und Spargel (in Stücken) zusammen in einem Topf mit reichlich Salzwasser nach Packungsanweisung der Nudeln garen. Absieben, kalt abschrecken und in eine Schüssel geben. Paprika klein schneiden und zusammen mit Thunfisch zugeben.

Dressingzutaten verrühren und über den Nudelsalat geben. Alles gut vermengen.

PRO PORTION:

449 kcal | 41,4 g EW | 40,6 g KH | 10,9 g Fett

4 Portionen

Radieschen-FENCHEL-SALAT

mit Joghurtdressing

FERTIG IN 15 Min.

ZUTATEN

2	Fenchelknollen
1 Bund	Radieschen
200 g	Fetakäse light, 9% (z.B. Salakis)
1	Granatapfel, Kerne davon
300 g	Edamame

FÜR DAS DRESSING

1 Handvoll Minze

1	Knoblauchzehe
25 g	Olivenöl
1/2	Zitrone, Saft davon
250 g	Naturjoghurt, 1,5%
etwas	Zucker, Salz & Pfeffer

ZUBEREITUNG

Fenchel und Radieschen fein hobeln. Fetakäse mit den Händen zerbröseln und alles in eine Schüssel geben. Granatapfelkerne und Edamame zugeben.

Für das Dressing Minze und Knoblauch im Mixtopf **5 Sek./Stufe 6** hacken. Restliche Dressingzutaten zugeben und **10 Sek./Stufe 3** mixen. Über den Salat geben und gut vermengen.

PRO PORTION:

335 kcal | 24,4 g EW | 20,2 g KH | 15,9 g Fett

FERTIG IN 15 Min.

TIPP: Anstatt Garnelen können Sie auch angebratenes Hähnchenfleisch verwenden.

PRO PORTION:

384 kcal	15,9 g EW	28,1 g KH	20,2 g Fett

2 Portionen

Fruchtiger GARNELENSALAT mit Avocado

ZUTATEN

10	Cocktailtomaten
1 kl.	Avocado
1	Kiwi
1	Orange
40 g	Heidelbeeren
100 g	Papaya
100 g	Garnelen, gegart

ein paar Basilikumblätter

FÜR DAS COCKTAIL-DRESSING

2 EL	Salatmayonnaise
2 EL	Naturjoghurt, 1,5%
1 EL	Olivenöl
1 TL	Tomatenketchup
1 EL	Limettensaft

1 Spritzer Sojasauce

etwas	Pfeffer, gem.
etwas	Salz
etwas	Chiliflocken

ZUBEREITUNG

Cocktailtomaten, Avocado und Früchte klein schneiden und auf 2 Teller verteilen. Garnelen und Basilikum darauf geben.

Alle Zutaten für das Dressing in einer Schale vermengen. Dressing über den Salat geben und servieren.

2 Portionen

GURKENSALAT

mit Hüttenkäse & Sesam

FERTIG IN 10 Min.

ZUTATEN

1/2	Salatgurke
200 g	Cocktailtomaten
1/2	grüne Spitzpaprika (altern. rote)
1 EL	Sojasauce
1 TL	Limettensaft
1 EL	Sesamsamen
1 EL	Sesamöl
200 g	körniger Frischkäse, 0,8% (Hüttenkäse)

ZUBEREITUNG

Gurke, Tomaten und Paprika klein schneiden und in eine Schüssel geben.

Restliche Zutaten zugeben und gut vermengen.

PRO PORTION:

221 kcal | 16,8 g EW | 7,8 g KH | 13,1 g Fett

2 Portionen

KARTOFFEL-SALAT

mit Gurke & Ei

FERTIG IN 15 Min.

ZUTATEN

300 g	gekochte Kartoffeln, kalt
1/2	Salatgurke
1	Ei, hart gekocht
50 g	Naturjoghurt, 1,5%
30 g	Salatmayonnaise
1 EL	Apfelessig
1 EL	Rotweinessig
etwas	Salz & Pfeffer
etwas	Schnittlauch

ZUBEREITUNG

Kartoffeln, Gurke und Ei klein schneiden und in eine Schüssel geben. Joghurt, Mayonnaise und Essige in einer Schale vermengen. Über den Salat geben, mit Salz und Pfeffer würzen und vermengen. Mit Schittlauch-röllchen bestreut servieren.

PRO PORTION:

282 kcal | 8,4 g EW | 26,3 g KH | 14,6 g Fett

TIPP: Wer möchte, kann noch etwas Rucola untermischen. Passt gut zu Fisch oder Hähnchen.

FERTIG IN **20** Min.

PRO PORTION:

298 kcal | 17,2 g EW | 40,8 g KH | 6,6 g Fett

2 Portionen

LINSENSALAT *mit roter Beete* und Apfel-Senf-Dressing

ZUTATEN

500 g	Wasser
2 TL	Gemüsebrühpulver
100 g	rote Linsen
300 g	rote Beete, gegart

FÜR DAS DRESSING

1	Schalotte
1 Handvoll	Petersilie
1 TL	Senf, mittelscharf
35 g	Apfelessig
1 TL	Agavendicksaft
2 TL	Öl
etwas	Salz & Pfeffer

ZUBEREITUNG

Wasser und Gemüsebrühpulver in den Mixtopf geben und **7 Min./100°C/Stufe 1** aufkochen. Linsen zugeben und **6 Min./100°C/Stufe 1** bissfest garen. Danach kalt abschrecken und in eine Schüssel geben.

Rote Beete klein würfeln und zu den Linsen geben. Schalotte und Petersilie in den Mixtopf geben und **5 Sek./Stufe 6** hacken. Restliche Zutaten für das Dressing zugeben und **10 Sek./Stufe 3** mixen. Über den Salat geben und alles vermengen.

Der Salat kann auch 1–2 Tage im Kühlschrank aufbewahrt werden. Eignet sich auch gut zum Mitnehmen.

2 Portionen

Gambas SALATTELLER

mit Mango und Artischocken

ZUTATEN

4 kl. Salatherzen
50 g Rotkraut
1/2 Mango
1/4 rote Zwiebel
100 g Artischockenherzen, halbiert (Glas)

FÜR DAS DRESSING

1 EL Öl
2 EL Apfelessig
etwas Salz & Pfeffer

FÜR DIE GARNELEN-BÄLLCHEN

500 g gekochte Garnelen (s. Bild)*
1 Knoblauchzehe
etwas Petersilie
2 TL Zitronensaft
1 TL Olivenöl
15 g Salatmayonnaise
25 g Frischkäse light, 0,2% (z.B. Philadelphia)
2 Msp. Paprikapulver, geräuchert
2 Msp. Pfeffer, frisch gem.
etwas Salz

ZUBEREITUNG

Für die Garnelenbällchen von den Garnelen den Kopf entfernen und die Garnelen schälen. Beiseitestellen. 150 g kommen später in den Mixtopf, die restlichen Garnelen kommen oben auf den Salat.

Knoblauch und Petersilie im Mixtopf **5 Sek./Stufe 6** zerkleinern. Nun 150 g der geschälten Garnelen zugeben und **5 Sek./Stufe 5** zerkleinern. Restliche Zutaten für die Bällchen zugeben und **5 Sek./Stufe 3** mischen. Daraus kleine Bällchen formen.

Salat und Rotkraut in Streifen schneiden. Mango würfeln und Zwiebel in Ringe schneiden. Alles in einer Schüssel mit den Dressingzutaten vermengen. Artischocken, Garnelen-Bällchen und Garnelen auf dem Salat anrichten.

*Sie brauchen hier 500 g, denn durch das Entfernen von Kopf und Schale bleiben netto nur ca. 250 g übrig. Wenn Sie z.B. Partygarnelen ohne Kopf und Schale kaufen, reichen 250 g.

PRO PORTION:

322 kcal	24,1 g EW	18,6 g KH	16,4 g Fett

TIPP: Für den Salat werden nur die Röschen verwendet. Aus dem Strunk können Sie eine leckere Suppe zaubern (siehe Rezept Seite 54).

FERTIG IN 25 Min.

PRO PORTION:

282 kcal | 11,2 g EW | 40,8 g KH | 11,9 g Fett

2 Portionen

BROKKOLISALAT
mit Paprika, Tomaten
und Honig-Senf-Dressing

ZUTATEN

500 g	Wasser
1 Kopf	Brokkoli (400 g)
1 gr.	rote Spitzpaprika
200 g	Cocktailtomaten
2 EL	getr. Cranberries
1 EL	gemischte Salatkerne (Sonnenblumenkerne, Kürbiskerne, usw.)

FÜR DAS DRESSING

1 EL	Olivenöl
2 EL	Balsamicoessig, hell
1 TL	Senf, mittelscharf
1 TL	Honig
etwas	Salz & Pfeffer

ZUBEREITUNG

Backofen auf 180°C Ober-/Unterhitze (200°C Umluft) vorheizen. Wasser in den Mixtopf geben. Brokkoli in Röschen teilen und diese in den Varoma geben. Varoma aufsetzen und **18 Min./Varoma/Stufe 1** garen. Danach kalt abschrecken.

Wenn der Ofen vorgeheizt ist, Spitzpaprika im Ganzen auf ein mit Backpapier belegtes Backblech geben und für 10 Min. in den Ofen geben. Danach Cocktailtomaten zugeben und weitere 5 Min. mitgaren.

Danach die Haut der Paprika abziehen und Kerne entfernen. Paprika-Fruchtfleisch klein schneiden und mit Tomaten und Brokkoli in eine Schüssel geben. Cranberries und Salatkerne zugeben. Zutaten für das Dressing in einer kleinen Tasse anrühren. Dressing über den Salat geben und gut vermengen.

12 Stück
= 2 Portionen

Gefüllte GEMÜSERÖLLCHEN *mit Frischkäse & Lachs*

ZUTATEN

200 g	Süßkartoffel
200 g	Zucchini
1/2 TL	Salz
3	Eier
15 g	Flohsamenschalen, gem.
40 g	geriebener Käse, light
1 TL	Backpulver
1 TL	Oregano, getr.
1 TL	Knoblauch, granuliert
1 TL	Salz
1/4 TL	Pfeffer, gem.

FÜR DIE FÜLLUNG

100 g	Frischkäse light, 0,2% (z.B. Philadelphia)
100 g	Magerquark o. Quarkcreme (Exquisa)
1 TL	Tomatenmark
etwas	Salz & Pfeffer
2 Msp.	Paprikapulver, edelsüß
1/2 TL	ital. Kräuter, getr.
120 g	Räucherlachs

ZUBEREITUNG

Backofen auf 180°C Ober-/Unterhitze vorheizen. Süßkartoffel schälen und in grobe Stücke schneiden. Zucchini ebenfalls in grobe Stücke schneiden. Beides mit 1/2 TL Salz in den Mixtopf geben und **5 Sek./Stufe 6** zerkleinern. Masse auf ein sauberes Geschirrtuch geben und die komplette Flüssigkeit ausdrücken.

Eier, Flohsamenschalen, Käse, Backpulver und Gewürze in den Mixtopf geben und **10 Sek./Stufe 5** mixen. Die trockene Zucchini-Süßkartoffel-Masse zugeben und **5 Sek./Stufe 4** unterrühren.

Ein Backblech mit Backpapier belegen und Masse darauf zu einem Rechteck ca. 1,5 cm dick glatt streichen. Im vorgeheizten Backofen ca. 15 Min. garen. Danach auf ein frisches Backpapier stürzen und das Papier vom Backen abziehen. Teig mit dem Papier aufrollen und abkühlen lassen. Mixtopf spülen.

FERTIG IN **25** Min.

FÜR DIE FÜLLUNG:

Frischkäse, Quark, Tomatenmark, Gewürze und Kräuter im Mixtopf **10 Sek./Stufe 3.5** vermengen. Den erkalteten Gemüseteig entrollen und mit der Creme bestreichen. Mit Lachs belegen und wieder aufrollen. In Scheiben schneiden und genießen.

VARIANTE:

Anstelle von Räucherlachs können Sie auch Putenbrustaufschnitt verwenden.

PRO PORTION:

490 kcal	40,9 g EW	31,8 g KH	20,7 g Fett

TIPP: Perfekt zum Mitnehmen. Ein paar Salatblätter mit in die Box packen und mit Dip in der Pause genießen.

FERTIG IN **15** Min.

ALS DIP PASST SEHR GUT DER FETADIP VON SEITE 49

PRO PORTION:

168 kcal	6,5 g EW	15,4 g KH	7,5 g Fett

16 Stück
= 4 Portionen

BOHNENBÄLLCHEN oder Patties

ZUTATEN

25 g	Leinsamen
45 g	Wasser
200 g	weiße Bohnen (Dose)
50 g	feine Haferflocken
1 TL	Tomatenmark
1 TL	Oregano, getr.
1 TL	Knoblauch, granuliert
1 TL	Paprikapulver, geräuchert
1/2 TL	Salz

Zum Anbraten:

1 EL Öl

TIPP: Aus der Masse von 4 Bällchen lässt sich auch gut ein Burger-Pattie zubereiten.

WARM ODER KALT GENIESSEN

ZUBEREITUNG

Leinsamen in den Mixtopf geben und **5 Sek./Stufe 10** schroten. Wasser zugeben und **40 Sek./Varoma/Stufe 2** erhitzen. Bohnen absieben und mit den restlichen Zutaten zugeben und **10 Sek./Stufe 5** mixen. Mit dem Spatel nach unten schieben und erneut **5 Sek./Stufe 5** vermengen.

Aus der Masse 16 Bällchen formen und in einer Pfanne mit heißem Öl ca. 4-5 Min. anbraten.

1 Stück
= 2 Portionen

Chicken-DÖNERWRAPS mit Joghurt

ZUTATEN

300 g	Hähnchenbrustfilet
1-2 TL	Gyrosgewürz
1 TL	Paprikapulver, edelsüß
etwas	Salz & Pfeffer
1 EL	Öl zum Braten
1	Salatherz
1	Tortilla Maxi Wrap (60 g)
1/2	Tomate
20-30 g	Salatgurke
20 g	rote Zwiebel
2 EL	Naturjoghurt, 1,5%
etwas	Zitronensaft
1/2 TL	Chiliflocken

ZUBEREITUNG

Hähnchenbrustfilet in dünne Scheiben schneiden und diese mit Gyrosgewürz, Paprikapulver sowie etwas Salz & Pfeffer würzen. Öl in einer beschichteten Pfanne erhitzen und Fleisch darin anbraten.

Salat klein schneiden und mittig auf den Tortillafladen geben. Tomate und Gurke würfeln und darauf geben. Zwiebel in Scheiben schneiden und mit dem gebratenen Fleisch darauf verteilen. Naturjoghurt darüber träufeln und mit Zitronensaft und Chiliflocken würzen. Aufrollen und ggf. auf einem Kontaktgrill rösten.

EIGNET SICH GUT ZUM MITNEHMEN!

FERTIG IN 15 Min.

PRO PORTION:

363 kcal | 39,1 g EW | 25,3 g KH | 11,2 g Fett

*1 Stück
= 2 Portionen*

Veggie-GEMÜSEWRAPS
mit Ofenpaprika

ZUTATEN

1/2	grüne Paprika
1/2	rote Paprika
1/4	rote Zwiebel
1 EL	Öl
1	Tortilla Maxi Wrap (60 g)
30 g	Frischkäse light, 0,2% (z.B. Philadelphia)
etwas	Salz & Pfeffer
etwas	ital. Kräuter, getr.
4	Kopfsalat-Blätter
1/2	Avocado
2 TL	Limettensaft
1	Tomate

ggf. ein paar Sprossen

ZUBEREITUNG

Backofen auf 200°C Umluft vorheizen.
Paprika und Zwiebel in grobe Spalten schneiden. Mit Öl bepinseln und mit etwas Salz und Pfeffer würzen. Für 10 Min. in den vorgeheizten Backofen geben. Ofen ausschalten und bei geschlossener Ofentüre noch 15 Min. nachziehen lassen. (Kann bereits am Vortag vorbereitet werden.)

Tortillafladen mit Frischkäse bestreichen. Mit Salz, Pfeffer und ital. Kräutern würzen. Salat und Avocado klein schneiden und mittig auf den Fladen geben. Avocado mit Limettensaft beträufeln. Tomate klein würfeln und darauf verteilen. Gemüse aus dem Ofen darauf geben und zu einem Wrap aufrollen. Mittig halbieren und servieren.

TIPP: Die Füllung noch mit Avocado-Topping würzen. Dies gibt es mittlerweile im Gewürzregal im Supermarkt von diversen Herstellern.

FERTIG IN **25** Min.

EIGNET SICH GUT ZUM MITNEHMEN!

PRO PORTION:

268 kcal	7 g EW	23,6 g KH	15,5 g Fett

2 Portionen

CHICKENSALAD

mit Ei und Mandarine

FERTIG IN **25** Min.

ZUTATEN

350 g	Hähnchenbrustfilet
2	Eier, hart gekocht
1	Mandarine
1	Frühlingzwiebel
25 g	Salatmayonnaise
20 g	Naturjoghurt, 1,5%
etwas	Salz & Pfeffer
1 TL	Currypulver
1 TL	Paprikapulver, edelsüß
1 TL	Sambal Oelek
1 TL	Sojasauce

ZUBEREITUNG

500 g Wasser in den Mixtopf geben. Gareinsatz einsetzen. Hähnchenfleisch würfeln und hineingeben. Dies **20 Min./Varoma/Stufe 1** garen. Danach Fleisch kalt abbrausen und in eine Schüssel geben.

Eier, Mandarine und Frühlingszwiebel klein schneiden und zusammen mit den restlichen Zutaten untermischen.

PRO PORTION:

372 kcal	46,5 g EW	12,7 g KH	14,6 g Fett

2 Portionen

WALDORF-SALAT

mit Trauben

FERTIG IN 25 Min.

ZUTATEN

350 g	Hähnchenbrustfilet
1	grüner Apfel
125 g	rote Weintrauben
25 g	Walnusskerne
1 TL	Öl
25 g	Salatmayonnaise
20 g	Naturjoghurt, 1,5%
1 EL	Balsamicoessig, hell
etwas	Salz & Pfeffer
1/4 TL	Paprikapulver, edelsüß

ZUBEREITUNG

500 g Wasser in den Mixtopf geben. Gareinsatz einsetzen. Hähnchenfleisch würfeln und hineingeben. Das Ganze **20 Min./Varoma/Stufe 1** garen. Danach kalt abbrausen und in eine Schüssel geben.

Apfel und Trauben klein schneiden. Walnusskerne hacken und zusammen mit den restlichen Zutaten untermischen.

PRO PORTION:

440 kcal | 41 g EW | 24,1 g KH | 19,4 g Fett

1 Portion

SANDWICH im Glas

FERTIG IN 10 Min.

ZUTATEN

2	gegrillte Paprika (aus dem Glas)
1 Handvoll	Petersilie
100 g	Magerquark
50 g	körniger Frischkäse, 0,8% (Hüttenkäse)
1 TL	Limetten o. Zitronensaft
1/4 TL	Paprikapulver, edelsüß
etwas	Salz & Pfeffer
1 Scheibe	Pumpernickel (42 g)
50 g	magerer Kochschinken

ZUBEREITUNG

Paprika in Würfel schneiden und in ein Glas geben. Petersilie im Mixtopf **5 Sek./Stufe 7** hacken. Quark, Hüttenkäse, Limettensaft und Gewürze zugeben und **20 Sek./Stufe 3.5** mixen. Auf die Paprikaschicht geben. Pumpernickel zerbröseln und auf den Quark geben. Zum Schluss mit dem mageren Schinken belegen.

PRO PORTION:

304 kcal | 32,5 g EW | 26,3 g KH | 7,4 g Fett

1 Portion

FITNESS-SANDWICH

mit roter Beete

FERTIG IN **10** *Min.*

ZUTATEN

2 Scheiben	Vollkornbrot (à 35 g)
1 kl.	Karotte, in Stücken
1 kl.	rote Beete, gegart
60 g	Frischkäse light, 0,2% (z.B. Philadelphia)
1/2 TL	Tomatenmark
1 TL	Balsamicoessig, hell
1/2 TL	ital. Kräuter, getr.
etwas	Salz & Pfeffer
einige	Spinatblätter
1 Blatt	Eisbergsalat

ZUBEREITUNG

Brot nach Wunsch toasten oder grillen. Karotte im Mixtopf **5 Sek./Stufe 5** hacken. Umfüllen. Rote Beete in Scheiben schneiden. Frischkäse, Tomatenmark, Balsamicoessig und Gewürze im Mixtopf **10 Sek./Stufe 3** mischen. Auf die Brotscheiben streichen und mit Spinatblättern, Salat, Karotten und roter Beete belegen.

PRO PORTION:

259 kcal	15,1 g EW	40 g KH	4,8 g Fett

2 Portionen

Garnelen-BAGEL

mit Krautsalat

ZUTATEN

2 Bagel-Brötchen
2 TL Mayonnaise
2 kl. Portionen Rucola
5-6 Basilikumblätter
1 Knoblauchzehe
120 g Garnelen, gekocht, geschält, entdarmt
30 g Frischkäse light, 0,2% (z.B. Philadelphia)
etwas Salz & Pfeffer
1 TL Zitronensaft
6 Gurkenscheiben

FÜR DEN KRAUTSALAT

70 g Weißkraut
40 g Karotte
25 g Zwiebel
1 EL Öl
1/2 TL Salz
1 Prise Zucker
1 EL Weißweinessig

ZUBEREITUNG

Bagels im Backofen bei 200°C Ober-/Unterhitze ca. 3-5 Min. rösten. Alternativ auf dem Toaster rösten.

Alle Zutaten für den Krautsalat im Mixtopf **5 Sek./Stufe 5** hacken. Umfüllen. Jedes Bagelunterteil mit je 1 TL Mayonnaise bestreichen und etwas Rucola und Krautsalat darauf geben. Basilikum und Knoblauch in den Mixtopf geben und **5 Sek./Stufe 5** hacken. Garnelen, Frischkäse, etwas Salz und Pfeffer sowie Zitronensaft zugeben und **3 Sek./Stufe 5** mixen. Auf den Krautsalat geben, mit Gurkenscheiben belegen, Bageldeckel darauf geben und genießen.

FERTIG IN 15 Min.

PRO PORTION:

468 kcal | 17,3 g EW | 55,2 g KH | 18,9 g Fett

4 Portionen

REMOULADE

mit Apfel & Kapern

FERTIG IN 5 Min.

ZUTATEN

1/2	rote Zwiebel
1/2	grüner Apfel
1 EL	Kapern
1 EL	Dill, getr.
1 TL	Salz
1 EL	Salatmayonnaise (z.B. "Leichter Genuss" mit 30% Joghurt)
200 g	Schmand
100 g	Naturjoghurt, 1,5%

ZUBEREITUNG

Zwiebel, Apfel, Kapern und Dill im Mixtopf **4 Sek./Stufe 6** zerkleinern. Mit dem Spatel nach unten schieben. Restliche Zutaten zugeben und **15 Sek./Stufe 3** vermengen.

SEHR LECKER ZU FISCH ODER KARTOFFELN.

PRO PORTION:

178 kcal | 3,6 g EW | 8,8 g KH | 14,4 g Fett

2 Portionen

FETADIP

mit Knoblauch

FERTIG IN 5 Min.

ZUTATEN

1	Knoblauchzehe
75 g	Fetakäse light, 9% (z.B. Salakis)
50 g	körniger Frischkäse, 0,8% (Hüttenkäse)
125 g	Naturjoghurt, 1,5%
1 TL	getrockneter Dill
etwas	Salz & Pfeffer

ZUBEREITUNG

Knoblauchzehe im Mixtopf **5 Sek./Stufe 5** zerkleinern. Fetakäse zugeben und **4 Sek./Stufe 5** zerkleinern. Restliche Zutaten zugeben und **1 Min./Stufe 2.5** cremig rühren.

Tipp: Verfeinern Sie den Dip mit etwas Chiliflocken und frischen Kräutern.

Der Dip passt auch sehr gut zu gerösteter Aubergine aus dem Ofen.

PRO PORTION:

124 kcal	14,2 g EW	5,9 g KH	4,6 g Fett

2 Portionen

Schnelle KRAUT-TORTILLA

- Beilage zu Fisch oder Fleisch -

ZUTATEN

2	Knoblauchzehen
10 g	Ingwer, geschält
1/2	rote Chilischote, entkernt
1	Kurkumawurzel, geschält (altern. 1 TL Pulver)
90 g	Karotten
250 g	Weißkraut
1 TL	Öl zum Braten
4	Eier
1 TL	Salz

ZUBEREITUNG

Knoblauch, Ingwer, Chili und Kurkumawurzel in den Mixtopf geben und **5 Sek./Stufe 6** zerkleinern. Karotte zugeben und **5 Sek./Stufe 5** zerkleinern. Nun Weißkraut in Stücken zugeben und ebenso **5 Sek./Stufe 5** zerkleinern.

Masse in einer Pfanne (mit feuerfestem Griff) mit 1 TL Öl anbraten. Eier und Salz in einer Tasse verquirlen und über die Krautmasse gießen. Kurz vermengen und stocken lassen.

Pfanne bei 150°C Umluft für 10-15 Min. in den Ofen geben, damit das Ei richtig fest wird. Danach warm servieren.

FERTIG IN
20
Min.
SERVIEREN SIE DAZU
GERÄUCHERTEN LACHS.
PRO PORTION:
275
kcal
16,3 g EW
19,5 g KH
14 g Fett

FERTIG IN 20 Min.

PRO STÜCK:

344 kcal | 22,6 g EW | 25,8 g KH | 16,9 g Fett

SERVIEREN SIE DAZU GRÜNEN SALAT!

4 Stück

PFANNKUCHEN mit Lachs, Avocado und Kräuter-Frischkäse-Creme

FÜR DEN TEIG

2	Eier
125 g	Milch, 1,5%
100 g	Weizenmehl, Type 405
1/2 TL	Salz

AUSSERDEM

1 Handvoll Dill
1 Handvoll Petersilie

100 g	Frischkäse light, 0,2% (z.B. Philadelphia)
100 g	Naturjoghurt, 1,5%
etwas	Salz & Pfeffer
200 g	geräucherter Lachs
1	Avocado
1/2	Limette, Saft davon

ZUBEREITUNG

Eier und Milch in den Mixtopf geben und **10 Sek./Stufe 4** mixen.
Mehl und Salz zugeben und **20 Sek./Stufe 4** vermischen.
Aus dem Teig in einer beschichteten Pfanne 4 dünne Pfannkuchen backen.

Mixtopf spülen. Dill und Petersilie **5 Sek./Stufe 7** hacken. Mit dem Spatel nach unten schieben. Frischkäse, Joghurt und etwas Salz & Pfeffer zugeben und **10 Sek./Stufe 3** verrühren. Auf die 4 Pfannkuchen aufteilen und verstreichen. Mit Lachs und klein geschnittener Avocado belegen und mit Limettensaft beträufeln. Zusammenfalten und genießen!

2 Portionen

BLITZSUPPE

tolle Resteverwertung

FERTIG IN **20** Min.

ZUTATEN

350 g	Gemüse (z.B. 30 g rote Zwiebel, 250 g Brokkoliröschen o. Strunk, 70 g Zucchini)
1	Knoblauchzehe
300 g	Wasser
1 geh. TL	Gemüsebrühpulver
etwas	Salz & Pfeffer
etwas	Kräuter nach Wahl
50 g	Kochsahne, 15% Fett

ZUBEREITUNG

Gemüse in Stücken und Knoblauch in den Mixtopf geben und **4 Sek./Stufe 6** zerkleinern. Mit dem Spatel nach unten schieben. Restliche Zutaten (außer Kochsahne) zugeben und **15 Min./100°C/Stufe 1** kochen. Sahne zugeben und **30 Sek./Stufe 9** pürieren.

INFO: Oft bleiben bei Rezepten Gemüsereste übrig, z.B. ein Stück Paprika, Zucchini, Brokkoli, Erbsen usw. Daraus lässt sich im Nu eine leckere Suppe zaubern.

PRO PORTION:

101 kcal	6,4 g EW	7,2 g KH	4,3 g Fett

2 Portionen

SOMMERSUPPE

FERTIG IN 20 Min.

Warm oder kalt genießen

ZUTATEN

2	Knoblauchzehen
1 Stück	Ingwer (8 g)
1 kl.	rote Zwiebel
100 g	gelbe Paprika
140 g	Mais (Dose)
100 g	Kichererbsen (Dose)
400 g	Kokosmilch, light
2 TL	Currypulver
1/2 TL	Salz
1/2	Limette, Saft davon

Zum Servieren: 4 EL fettarmer Joghurt, frische Basilikumblätter in Streifen geschnitten

ZUBEREITUNG

Knoblauch, Ingwer, Zwiebel und Paprika im Mixtopf **5 Sek./Stufe 6** zerkleinern. Restliche Zutaten (außer Joghurt und Basilikum) zugeben und **15 Min./100°C/Stufe 1** kochen. Mit Joghurt und Basilikum servieren.

INFO: Wer möchte, kann die Suppe im Anschluss auch als Gazpacho fein pürieren. Vor dem Servieren dann mind. 2-3 Std. im Kühlschrank durchziehen lassen.

PRO PORTION:

320 kcal | 8,7 g EW | 28,5 g KH | 17,3 g Fett

2 Portionen

Roasted TOMATO SOUP

mit mediterranen Kräutern

ZUTATEN

4-5 gr.	Tomaten (600 g)
1	rote Zwiebel
3-5	Knoblauchzehen
1 EL	Öl
etwas	Salz & Pfeffer
1 TL	Basilikum, getr.
1 TL	Oregano, getr.
etwas	Wasser
2 TL	Gemüsebrühpulver

ZUBEREITUNG

Backofen auf 180°C Umluft vorheizen.

Tomaten vierteln oder sechsteln und in eine Auflaufform geben. Zwiebel in Stücke schneiden und mit den Knoblauchzehen auf die Tomaten geben. Alles mit Öl beträufeln und mit Salz & Pfeffer würzen. Basilikum und Oregano darüber streuen und alles für ca. 25 Min. in den Ofen geben.

Danach Gemüse in den Thermomix geben und **20 Sek./Stufe 9** pürieren. Wasser zugeben (bis die gewünschte Konsistenz erreicht ist) und mit Gemüsebrühpulver würzen. Nochmal auf **Stufe 5** mixen und servieren.

FERTIG IN
30 Min.

TIPP: Verfeinern Sie die Suppe mit einem Klecks fettarmen Naturjoghurt und etwas frischen Kräutern.

PRO PORTION:

164 kcal	4,9 g EW	16,1 g KH	8 g Fett

Thailändische KOKOSSUPPE

2 Portionen

nach Wahl mit Garnelen oder Hähnchen

ZUTATEN

2	Knoblauchzehen
1	Kurkumawurzel, geschält
15 g	Ingwer, geschält
1 EL	Kokosöl
400 g	Kokosmilch, light
1 TL	rote Currypaste
250 g	Wasser
1 EL	Sojasauce
2 TL	Oyster-Sauce
1 Prise	brauner Zucker
etwas	Salz
1 TL	Currypulver
2 TL	Gemüsebrühpulver
2 TL	Limettensaft

ALS EINLAGE:

1 Handvoll Shimeji-Pilze*

2	Frühlingszwiebel-Grün, in Ringen
200 g	Garnelen, roh, geschält, entdarmt
etwas	frischer Koriander, gehackt

ZUBEREITUNG

Knoblauch, Kurkuma und Ingwer in den Mixtopf geben und **5 Sek./Stufe 5** zerkleinern. Mit dem Spatel nach unten schieben. Kokosöl zugeben und **2 Min./Varoma/Stufe 1** dünsten. Restliche Zutaten für die Suppe zugeben und **5 Min./80°C/Stufe 1** erhitzen.

Pilze, Frühlingszwiebelringe, Garnelen und Koriander zugeben und **7 Min./80°C/Sanftrührstufe** garen/ziehen lassen. Fertig zum Servieren!

*(alternativ 3-4 Champignons, in hauchdünne Scheiben gehobelt)

TIPP: Anstelle von Garnelen kann man auch Tofuwürfel oder gegartes Hähnchenfleisch zugeben.

FERTIG IN **20** Min.

PRO PORTION:

341 kcal	15,9 g EW	23,2 g KH	20,4 g Fett

2 Portionen

BROKKOLI-CURRY

mit Linsen

- One Pot schnell gekocht -

ZUTATEN

2	Knoblauchzehen
10 g	Ingwer, geschält
1	rote Chilischote, entkernt
100 g	Karotte
80 g	rote Zwiebel
200 g	Brokkoliröschen
100 g	rote Linsen
400 g	Kokosmilch, light
280 g	Wasser
1 TL	Salz
1 TL	Currypulver
1 TL	rote Currypaste
1 TL	Gemüsebrühpulver
1 TL	Limettensaft
30 g	Tomatenmark

ZUBEREITUNG

Knoblauch, Ingwer und Chili in den Mixtopf geben und **5 Sek./Stufe 6** zerkleinern. Karotte und Zwiebel in Würfel schneiden und zusammen mit den Brokkoliröschen zugeben. Linsen und restliche Zutaten (außer Tomatenmark) zugeben und **20 Min./100°C/Sanftrührstufe** garen.

Zum Schluss Tomatenmark mit dem Spatel unterrühren und servieren.

TIPP: Wer möchte, kann noch Fetakäse und frischen Koriander über das fertige Curry geben.

PRO PORTION:

415 kcal	20,7 g EW	46,8 g KH	14,3 g Fett

TIPP: Servieren Sie dazu Basmatireis oder ein Stück Fladenbrot.

FERTIG IN 30 Min.

PRO PORTION:

291 kcal | 16,7 g EW | 12,5 g KH | 18,1 g Fett

4 Portionen

Garnelen-CURRY mit Paprika

ZUTATEN

15 g Ingwer
2 Knoblauchzehen
1 grüne Peperoni
1 EL Öl
1 rote Paprika
1 gelbe Paprika
1 grüne Paprika
400 g Kokosmilch, light
400 g stückige Tomaten
1 EL Sojasauce
1 TL Currypulver
1 TL Garam Masala
1 TL Gemüsebrühpulver
1/2 TL Salz
270 g Garnelen, gegart

Nach Belieben:
etwas Koriander oder Petersilie

ZUBEREITUNG

Ingwer, Knoblauch und Peperoni in den Mixtopf geben und **5 Sek/Stufe 5** zerkleinern. Mit dem Spatel nach unten schieben. Öl zugeben und **2 Min./Varoma/Stufe 1** dünsten.

Paprika in Würfel schneiden und zusammen mit den restlichen Zutaten (außer Garnelen) zugeben. Das Ganze **20 Min./100°C/Sanftrührstufe** kochen. Garnelen zugeben und weitere **5 Min./100°C/Sanftrührstufe** kochen. Mit etwas gehacktem Koriander oder Petersilie bestreut servieren.

4 Portionen

Kartoffel-BOHNEN-TOPF

mit Würstchen

ZUTATEN

3	Schalotten
1	Knoblauchzehe
3	Karotten (250 g)
600 g	Kartoffeln
500 g	Wasser
1 EL	Gemüsebrühpulver
etwas	Salz
1/2 TL	Pfeffer, gem.
1/2 TL	Paprikapulver, edelsüß
500 g	grüne Bohnen
4	Geflügel-Wiener
40 g	Schmand

ZUBEREITUNG

Schalotten und Knoblauch **5 Sek./Stufe 5** zerkleinern. Karotten schälen und in Scheiben schneiden. Kartoffeln ebenso schälen und in Würfel schneiden. Beides zusammen mit Wasser, Gemüsebrühpulver, etwas Salz, Pfeffer und Paprikapulver in den Mixtopf geben.

Bohnen in Stücke schneiden und in den Varoma geben. Varoma aufsetzen und alles zusammen **30 Min./Varoma/Sanftrührstufe** garen. In der Zwischenzeit Wiener in Scheiben schneiden.

Nach Garzeitende alles zusammen mit dem Schmand und den Wienern in einer Schüssel vermengen und dann servieren. Da der Eintopf sehr heiß ist, werden die Wiener durch die Resthitze warm.

FERTIG IN 35 Min.

TIPP: Wer möchte, kann auch Süßkartoffeln dazugeben. Einfach die Hälfte der Kartoffeln austauschen.

PRO PORTION:

306 kcal | 12,8 g EW | 32,9 g KH | 11,6 g Fett

FERTIG IN

40 Min.

TIPP: Servieren Sie dazu Basmatireis oder ein Stück Fladenbrot.

PRO PORTION:

353 kcal	7,3 g EW	20,1 g KH	26 g Fett

3 Portionen

Auberginen-CURRY

mit Spinat & Tomaten

ZUTATEN

1 gr.	Aubergine
1 TL	Öl
etwas	Salz & Pfeffer
1	rote Zwiebel, halbiert
2	Knoblauchzehen
1 Stück	Ingwer (8 g)
1 EL	Kokosöl
3	Tomaten (200 g)
400 g	Kokosmilch, light
25 g	Tomatenmark
100 g	Kichererbsen (Dose)
1 Handvoll	Blattspinat (altern. TK-Spinat, aufgetaut)
1 EL	Limettensaft

GEWÜRZE

2 TL	Ras el hanout
1/2 TL	Salz
1 TL	Kreuzkümmel, gem.
1 TL	Currypulver
1 TL	Kurkuma
etwas	Pfeffer, gem.
etwas	Chiliflocken

ZUBEREITUNG

Backofen auf 200°C Umluft (220° Ober-/Unterhitze) vorheizen. Aubergine halbieren und an der Fleischseite kreuzweise einschneiden. Mit etwas Öl bepinseln und mit Salz & Pfeffer würzen. Auf ein mit Backpapier belegtes Backblech legen und im vorgeheizten Backofen ca. 20 Min. garen. (Diesen Vorgang können Sie auch schon am Vortag machen).

Zwiebel, Knoblauch und Ingwer im Mixtopf **5 Sek./Stufe 6** hacken. Kokosöl zugeben und das Ganze **2 Min./Varoma/Stufe 1** dünsten. Tomaten in Würfel schneiden und mit allen Gewürzen zugeben. **2 Min./Varoma/Stufe 1** dünsten. Kokosmilch, Tomatenmark und Kichererbsen zugeben. Das Innere der Aubergine würfeln und mit in den Mixtopf geben. (Die Haut der Aubergine wird nicht verwendet). Das Ganze nun **13 Min./100°C/ ↺ /Stufe 1** garen. Spinat und Limettensaft zugeben, unterheben und nochmal **2 Min./100°C/ ↺ /Stufe 1** garen. Mit Reis oder Fladenbrot servieren.

4 Portionen

Indisches LINSEN-DAL mit Spinat & Joghurt

ZUTATEN

1/2	rote Zwiebel
2	Knoblauchzehen
1	Karotte (70 g)
1 Stück	Ingwer (15 g)
200 g	rote Linsen
200 g	Wasser
200 g	Kokosmilch, light
250 g	passierte Tomaten
1 TL	Salz
1 TL	Ras el Hanout
1/4 TL	Zimt, gem.
1 TL	Koriander, getr.
1 TL	Kreuzkümmel, gem.
etwas	Chiliflocken
1 Handvoll	Spinatblätter
100 g	Naturjoghurt, 1,5%
etwas	Currypulver

ZUBEREITUNG

Zwiebel, Knoblauch, Karotten und Ingwer in den Mixtopf geben und **5 Sek./Stufe 5** zerkleinern. Linsen, Wasser, Kokosmilch, passierte Tomaten und Gewürze zugeben und **20 Min./100°C/Stufe 0.5** garen.

Nach Garzeitende Spinatblätter mit dem Spatel unterrühren und ca. 2 Min. ziehen lassen. Linsen Dal mit einem Klecks Naturjoghurt und etwas Currypulver servieren.

DAZU SERVIEREN SIE BASMATIREIS.

FERTIG IN 25 Min.

PRO PORTION:

280 kcal | 16,4 g EW | 33,6 g KH | 7,9 g Fett

4 Portionen

Brasilianische TOMATENSUPPE

mit Reis und Garnelen

ZUTATEN

120 g	rote Zwiebel, halbiert
4	Knoblauchzehen
1	rote Paprika, in Stücken
600 g	Tomaten, in Stücken
500 g	Wasser, lauwarm
200 g	Kokosmilch, light
1 TL	Salz
1/2 TL	Pfeffer, gem.
1 EL	Gemüsebrühpulver
1	Limette, Saft davon
100 g	Langkornreis
325 g	Garnelen, roh, küchenfertig
etwas	frischer Koriander oder Petersilie, gehackt

ZUBEREITUNG

Zwiebel, Knoblauch, Paprika und Tomaten in den Mixtopf geben und **10 Sek./Stufe 5** zerkleinern. Restliche Zutaten (außer Reis, Garnelen und Koriander) zugeben und **15 Min./100°C/Stufe 1.5** garen.

Suppe nun **15-20 Sek./Stufe 4-8** langsam ansteigend pürieren. Reis zugeben und weitere **15 Min./100°C/Stufe 0.5** garen.

Nun Garnelen zugeben und **4 Min./80°C/ ↺ /Stufe 0.5** ziehen lassen. Mit Koriander servieren.

FERTIG IN 35 Min.

DAZU SERVIEREN SIE BAGUETTE.

PRO PORTION:

228 kcal	13,9 g EW	32,8 g KH	4,3 g Fett

TIPP: Servieren Sie dazu einen Klecks Joghurt und Petersilie.

FERTIG IN 35 Min.

PRO PORTION:

262 kcal | 13,3 g EW | 32,4 g KH | 6,6 g Fett

4 Portionen

Marokkanische LINSENSUPPE mit Kichererbsen

ZUTATEN

1	rote Zwiebel
300 g	Knollensellerie, in kleine Würfel geschnitten
1 EL	Öl
1/2 TL	Salz
1 TL	Zimt, gem.
1 TL	Kreuzkümmel, gem.
1 TL	Paprikapulver, geräuchert
1 TL	Kurkuma, gem.
etwas	Pfeffer, gem.
1 TL	Currypulver
1 Dose	stückige Tomaten (400 g)
700 g	Wasser
1 EL	Gemüsebrühpulver
200 g	Kichererbsen (Dose)
100 g	rote Linsen
1 geh. TL	Speisestärke (8 g)
20 g	Tomatenmark

ZUBEREITUNG

Zwiebel im Mixtopf **5 Sek./Stufe 5** hacken. Selleriewürfel, Öl und alle Gewürze zugeben und **2 Min./Varoma/ ↺ /Stufe 1** dünsten.

Tomaten, Wasser, Gemüsebrühpulver und abgetropfte Kichererbsen zugeben und das Ganze **20 Min./100°C/ ↺ /Stufe 1** garen. Nun Linsen zugeben und weitere **10 Min./100°C/ ↺ /Stufe 1** garen. In der Zwischenzeit Speisestärke mit Tomatenmark und 2 EL Wasser in einer kleinen Tasse anrühren und die letzten **2 Minuten** durch das Deckelloch mit in den Mixtopf geben.
Im Anschluss servieren.

3 Portionen

Brokkoli-KARTOFFEL-AUFLAUF

mit Hüttenkäse

ZUTATEN

800 g	Kartoffeln, vorw. festk.
350 g	Brokkoli
1 EL	Gemüsebrühpulver
50 g	geriebener Käse, light

Zubehör:
Auflaufform 20 x 30 cm

FÜR DIE SAUCE

1	Knoblauchzehe
etwas	frische Petersilie
200 g	körniger Frischkäse, 0,8% (Hüttenkäse)
100 g	Milch, 1,5%
2	Eier (Gr. M)
1 TL	Salz
1 TL	Gemüsebrühpulver
1 TL	Paprikapulver, edelsüß
1 TL	Zwiebel, granuliert
1/2 TL	Pfeffer, gem.
1/4 TL	Muskat, gem.

ZUBEREITUNG

Backofen auf 180°C Umluft vorheizen.
Kartoffeln schälen und in mundgerechte Stücke schneiden. Brokkoli in Röschen teilen. Beides in einem großen Kochtopf mit Wasser und Gemüsebrühpulver 5-7 Min. bissfest kochen. Absieben und in eine Auflaufform geben.

Für die Sauce Knoblauchzehe und Petersilie im Mixtopf **5 Sek./Stufe 5** hacken. Restliche Zutaten zugeben und **20 Sek./Stufe 3** mixen. Über den Auflauf geben und mit Käse bestreuen. Im Backofen ca. 20-25 Min. backen.

FERTIG IN
35
Min.
PRO PORTION:
413
kcal
29,6 g EW
50,6 g KH
8,4 g Fett

LACHS-SPINAT LASAGNE

mit Cocktailtomaten

FERTIG IN 50 Min.

TIPP: Kann z.B. schon am Vormittag für Abends vorbereitet werden oder am Abend für den nächsten Mittag. Im Kühlschrank aufbewahren. Dann nur noch in den Ofen geben. Wenn die Lasagne aus dem Kühlschrank kommt, dann ggf. die Garzeit um 5 Min. verlängern.

PRO PORTION:

447 kcal | 32,3 g EW | 32,5 g KH | 20,5 g Fett

ZUTATEN

1	rote Zwiebel, halbiert
2	Knoblauchzehen
100 g	frische Spinatblätter
100 g	Wasser
1 TL	Gemüsebrühpulver
1/2 Bund	Basilikum
600 g	frisches Lachsfilet
200 g	Cocktailtomaten
250 g	frische Lasagneblätter
etwas	Salz & Pfeffer
50 g	geriebener Mozzarella

FÜR DIE BÉCHAMEL-SAUCE

25 g	Butter
25 g	Mehl
600 g	Milch, 1,5%
1/2 TL	Muskat, gem.
1 TL	Gemüsebrühpulver
etwas	Salz & Pfeffer
60 g	Frischkäse light, 0,2% (z.B. Philadelphia)

Zubehör:
Auflaufform 20 x 30 cm

ZUBEREITUNG

Zwiebel und Knoblauch im Mixtopf **5 Sek./Stufe 5** zerkleinern. Spinatblätter, Wasser und Gemüsebrühpulver zugeben und **4 Min./100°C/Stufe 1** garen. Danach absieben und in eine Schüssel geben. Basilikum grob hacken und untermischen.
Mixtopf spülen.

Für die Béchamel-Sauce Butter im Mixtopf **2 Min./Varoma/Stufe 1** schmelzen. Mehl zugeben und **2 Min./100°C/Stufe 2** anschwitzen. Restliche Zutaten für die Sauce (außer Frischkäse) zugeben und **5 Min./100°C/Stufe 3** erhitzen. Frischkäse zugeben und **10 Sek./Stufe 5** mixen.

Lachs in Würfel schneiden und Cocktailtomaten halbieren. Etwas Béchamel-Sauce auf den Boden einer Auflaufform geben und die erste Schicht Lasagneblätter darauf geben. Nun etwas vom Spinat, Lachswürfel und Cocktailtomaten. Mit Salz und Pfeffer würzen. Wieder etwas Sauce und dann Nudelplatten darauf geben.
So weiter schichten bis alles aufgebraucht ist. Zum Schluss mit Käse bestreuen und im vorgeheizten Backofen bei 200°C Ober-/Unterhitze ca. 30 Min. backen.

TIPP: Eignet sich auch kalt für die Brotzeitbox. Entweder einen Salat dazu, oder als Belag für ein Fischbrötchen.

FERTIG IN 20 Min.

PRO FRIKADELLE:

62 kcal

8,4 g EW

2 g KH

2,4 g Fett

9 Stück

Fisch-FRIKADELLEN

mit Karotte & Koriander

ZUTATEN

1	Schalotte
1	Knoblauchzehe
30 g	Karotte
1 Handvoll Koriander	
380 g	Kabeljaufilet
1	Ei
15 g	Paniermehl
1/2 TL	Currypulver
1/2 TL	Paprikapulver, edelsüß
1/2 TL	Salz
1/4 TL	Pfeffer, gem.
1 TL	Sojasauce

Zum Anbraten:

1 EL	Kokosöl

TIPP: Dazu servieren Sie einen Salat, z.B. den Gurkensalat mit Hüttenkäse von Seite 26.

ZUBEREITUNG

Schalotte, Knoblauch, Karotte und Koriander in den Mixtopf geben und **5 Sek./Stufe 5** zerkleinern. Fisch in Stücken zugeben und erneut **5 Sek./Stufe 5** zerkleinern. Restliche Zutaten zugeben und **10 Sek./Stufe 4** vermengen.

Aus der Masse 9 Frikadellen formen und in einer Pfanne mit heißem Kokosöl von beiden Seiten anbraten, je Seite ca. 2-3 Min.

3 Portionen

Mexican Chicken STREET-TACOS

FÜR DAS HÄHNCHEN

1	Schalotte
300 g	Hähnchenfleisch
1 TL	Tomatenmark
1 EL	Öl
1 TL	Limettensaft
2 EL	Wasser
1 TL	Mexico-Gewürz
etwas	Salz

AUSSERDEM

3 kl.	Tortillafladen (à 40 g)
100 g	Chinakohl
30 g	Rotkraut
2 kl.	Tomaten
50 g	Jalapeños
1 kl.	grüne Chilischote
3 TL	Naturjoghurt, 1,5%

ggf. ein paar Chiliflocken

ZUBEREITUNG

Schalotte im Mixtopf **5 Sek./Stufe 5** zerkleinern. Hähnchenfleisch klein schneiden und in den Mixtopf zugeben. Restliche Zutaten für das Hähnchen dazugeben und **8 Min./100°C/Stufe 0.5** garen.

Chinakohl und Rotkraut in feine Streifen schneiden. Auf den Tortillafladen verteilen. Hähnchen aus dem Mixtopf darauf verteilen. Tomaten und Jalapeños fein würfeln und darüber geben. Chili in Ringe schneiden und mit Joghurt auf den Tacos verteilen. Wer möchte, kann mit Chiliflocken noch nachwürzen.

FERTIG IN
15
Min.
PRO PORTION:
309
kcal
28,3 g EW
25,8 g KH
9,2 g Fett

FERTIG IN 25 Min.

WAHLWEISE MIT HÄHNCHEN, TOFU ODER GARNELEN.

PRO PORTION MIT GARNELEN:

410 kcal | 19,8 g EW | 48,4 g KH | 14,9 g Fett

3 Portionen

Gemüse-THAI-CURRY
mit Reis

ZUTATEN

150 g	Basmatireis
1.200 g	Wasser
2–3	Pak Choi
1	rote Paprika (100 g)
1	rote Zwiebel
1	kl. Zucchini (150 g)

200 g	Garnelen (Hähnchen oder Tofu)
1–2 TL	rote Currypaste (je nach Schärfe)
1 TL	Kokosöl
225 g	Kokosmilch, light
1 EL	Sojasauce
1 TL	Currypulver
1/2 TL	Salz

ZUBEREITUNG

Reis in den Gareinsatz einwiegen, wieder herausnehmen und unter fließendem Wasser waschen bis das Wasser klar ist. Wieder einsetzen. Wasser in den Mixtopf füllen. Gemüse klein schneiden und im Varoma sowie auf dem Einlegeboden verteilen. Das Ganze **18 Min./Varoma/Stufe 1** garen.

In der Zwischenzeit Garnelen (Hähnchen oder Tofu) in eine beschichtete Pfanne geben mit Currypaste und Kokosöl anbraten. Kokosmilch, Sojasauce, Currypulver und Salz in einer kleinen Schüssel verrühren und mit in die Pfanne gießen. Gemüse aus dem Varoma mit in die Pfanne geben, kurz vermengen und aufkochen lassen. Mit Reis servieren.

MIT HÄHNCHEN:

kcal	417
Protein	23,5 g
KH	47,7 g
Fett	14,2 g

MIT TOFU:

kcal	438
Protein	17,6 g
KH	48,8 g
Fett	18,7 g

SCHMECKEN AUCH KALT SEHR LECKER

FERTIG IN 25 Min.

TIPP: Servieren Sie dazu Salzkartoffeln oder einen gemischten Salat.

PRO PORTION:

358 kcal | 42,7 g EW | 17,3 g KH | 13 g Fett

*15 Stück
= 3 Portionen*

Saftige Hähnchen-FRIKADELLEN

ZUTATEN

1 Zwiebel, halbiert
2 Knoblauchzehen
2 EL Weißwein, trocken*
500 g Hähnchenbrustfilet
1 TL Paprikapulver, rosenscharf
1 Prise Zucker
1 TL Thymian, getr.
1 TL Salz
1/4 TL Pfeffer, gem.
2 Eier (Gr. M)
2 EL Paniermehl
1 EL Speisestärke
1 Handvoll Petersilie, gehackt

2 EL Öl zum Braten

**alternativ 20 g Wasser und 1 TL Weißweinessig*

ZUBEREITUNG

Zwiebel und Knoblauchzehe im Mixtopf **5 Sek./Stufe 5** zerkleinern. Mit dem Spatel nach unten schieben. Weißwein zugeben und **3 Min./120°C/Stufe 1** dünsten.

Hähnchenbrustfilet in ca. 3 cm große Würfel schneiden und in den Mixtopf geben. **5 Min./100°C/ ↺ /Sanftrührstufe** garen. Mixtopfdeckel öffnen und 5 Min. abkühlen lassen. Gewürze und Eier zugeben und **10 Sek./Stufe 5** mixen. In eine Schüssel umfüllen. Paniermehl, Speisestärke und Petersilie zugeben und mit dem Spatel vermengen.

Aus der Masse 15 Frikadellen formen und mit Öl in einer beschichteten Pfanne anbraten.

FERTIG IN **30** Min.

SERVIEREN SIE DAZU GRÜNEN SALAT

PRO PORTION:

450 kcal	16,2 g EW	56,3 g KH	18,8 g Fett

3 Portionen

Süßkartoffel-WEDGES

mit Feta-Guacamole

ZUTATEN

700 g	Süßkartoffeln
1	rote Zwiebel
2 EL	Öl
1 TL	Paprikapulver, edelsüß
1 TL	ital. Kräuter, getr.
etwas	Salz

FÜR DIE GUACAMOLE

1	Knoblauchzehe
1 Handvoll	Koriander
1/2	Avocado
1/2	Limette, Saft davon
150 g	Naturjoghurt, 1,5%
100 g	Fetakäse light, 9% (z.B. Salakis)
1	Tomate
etwas	Pfeffer, gem.
1 Prise	Salz

ZUBEREITUNG

Backofen auf 200°C Umluft vorheizen. Süßkartoffeln schälen und in Würfel schneiden. Zwiebel in Spalten schneiden. Auf ein mit Backpapier belegtes Backblech geben. Öl, Paprikapulver, ital. Kräuter und etwas Salz darüber geben und mit den Händen gut vermengen. Im vorgeheizten Backofen 20-22 Min. backen.

In der Zwischenzeit Knoblauch und Koriander im Mixtopf **5 Sek./Stufe 6** hacken. Avocado und Limettensaft zugeben und **5 Sek./Stufe 5** zerkleinern. Naturjoghurt und zerbröselten Feta zugeben. Tomaten in kleine Würfel schneiden und hinzufügen. Mit Salz und Pfeffer würzen und **20 Sek./Stufe 2.5** vermengen.

Wedges mit Feta-Guacamole servieren.

2 Portionen

Griechische BOWL

ZUTATEN

250 g kl. Kartoffeln (Drillinge)
1 EL Öl
1 TL Zwiebel, granuliert
1 TL Paprikapulver, edelsüß
1 TL Oregano, getr.
1 TL Salz

FÜR DAS GEMÜSE

1/2 Zwiebel
170 g Zucchini
100 g Paprika
1 TL Öl
100 g stückige Tomaten (Dose)
1 TL Gyrosgewürz
etwas Salz & Pfeffer

FÜR DAS DRESSING

1 Knoblauchzehe
120 g Salatgurke
150 g Skyr, natur
1 TL Dill, getr.
25 g Milch, 1,5%
10 g Rotweinessig
1 TL Salz
etwas Pfeffer, gem.

ZUBEREITUNG

Backofen auf 200°C Umluft vorheizen. Kartoffeln waschen und halbieren. In eine Schüssel geben. Öl, Zwiebelpulver, Paprikapulver, Oregano und Salz zugeben und vermengen. Ein Backblech mit Backpapier belegen und Kartoffeln darauf verteilen. Für 20 Min. in den Ofen geben.

Für das Dressing Knoblauch im Mixtopf **5 Sek./Stufe 5** hacken. Gurke in Stücken zugeben und **10 Sek./Stufe 4** zerkleinern. Skyr, Dill, Milch, Essig, Salz und Pfeffer hinzufügen und **10 Sek./Stufe 3** mischen. Mixtopf spülen.

Für das Gemüse Zwiebel, Zucchini und Paprika klein würfeln und in den Mixtopf geben. Öl zugeben und **3 Min./Varoma/Stufe 0.5** dünsten. Stückige Tomaten und Gewürze zugeben und **8 Min./100°C/Sanftrührstufe** garen.

FERTIG IN 25 Min.

AUSSERDEM

2	Salatherzen
100 g	Rotkraut
1/2	Zwiebel
125 g	Cocktailtomaten
1/4	Salatgurke

Salatherzen, Rotkraut, Zwiebel, Cocktailtomaten und restliche Gurke klein schneiden und auf 2 Schalen verteilen.

Mit Gemüse aus dem Thermomix, Kartoffeln aus dem Ofen und Dressing servieren.

WAHLWEISE MIT HÄHNCHEN ODER FISCH!

FERTIG IN 20 Min.

PRO PORTION:

453 kcal	54,2 g EW	44,1 g KH	4,3 g Fett

2 Portionen

Arrabiata HÄHNCHEN

Würzig lecker!

ZUTATEN

400 g	Kartoffeln
500 g	Wasser
400 g	Hähnchenfleisch o. weißes Fischfilet
1 TL	Öl
1	grüne frische Chilischote
1 gr.	rote Zwiebel
20 g	Kapern
300 g	Pizzasauce
etwas	gehackte Petersilie
1 TL	Zitronensaft
1 TL	Knoblauch, granuliert
etwas	Salz & Pfeffer

MIT FISCH:

kcal	435
Protein	44,7 g
KH	44,1 g
Fett	7,1 g

ZUBEREITUNG

Kartoffeln schälen und in Stücke schneiden. In den Gareinsatz geben. Wasser in den Mixtopf füllen und die Kartoffeln **18 Min./Varoma/Stufe 1** garen.

In der Zwischenzeit Hähnchen in einer Pfanne mit Öl anbraten. Chili und Zwiebel in Scheiben schneiden, zugeben und mitbraten. Restliche Zutaten zugeben und mitgaren.

Wenn die Kartoffeln gar sind, alles zusammen servieren.

2 Portionen

One Pot TUNA GNOCCHI

Blitzgericht!

ZUTATEN

1/2	rote Zwiebel
etwas	Petersilie
150 g	passierte Tomaten
100 g	Wasser
135 g	weißer Thunfisch, natur (Glas)
1 TL	ital. Kräuter, getr.
350 g	Gnocchi (Kühltheke)
40 g	Milch, 1,5%
1	Tomate, gewürfelt
1 TL	Balsamicoessig, hell
1/2 TL	Salz

TIPP: Wer möchte, kann noch Spinatblätter zugeben. Diese einfach unter das fertige Gericht mischen.

ZUBEREITUNG

Zwiebel und Petersilie in den Mixtopf geben und **5 Sek./Stufe 5** zerkleinern. Passierte Tomaten, Wasser und Thunfisch zugeben und **3 Sek./Stufe 5** mischen.

Restliche Zutaten zugeben und **5 Min./100°C/Sanftrührstufe** garen.

WER MÖCHTE, KANN NOCH PARMESAN DARÜBER GEBEN

FERTIG IN 10 Min.

1 TL PARMESAN:

kcal	22
Protein	2,3 g
KH	0,1 g
Fett	1,4 g

PRO PORTION:

392 kcal	23,4 g EW	62,3 g KH	3,8 g Fett

TIPP: Bestreuen Sie die Pizza noch mit etwas Rucola!

FERTIG IN 30 Min.

PRO PORTION:

232 kcal | 28,3 g EW | 7,2 g KH | 9,3 g Fett

4 Portionen

Schüttel-PIZZA mit Thunfisch

ZUTATEN

1 kl.	rote Zwiebel
200 g	körniger Frischkäse, 0,8% (Hüttenkäse)
100 g	Magerquark
3	Eier
100 g	Thunfisch, ohne Öl*
100 g	geriebener Käse, light
15 g	Flohsamenschalen, gemahlen
1 TL	Oregano, getr.
1 TL	Knoblauch, granuliert
1 TL	Paprikapulver, edelsüß
ggf.	etwas Chilipulver
etwas	Salz & Pfeffer
150 g	Cocktailtomaten

ZUBEREITUNG

Backofen auf 200°C Umluft vorheizen. Zwiebel im Mixtopf **5 Sek./Stufe 5** zerkleinern. Restliche Zutaten (außer Cocktailtomaten) zugeben und **5 Sek./Stufe 4** mixen. Masse auf ein mit Backpapier belegtes Backblech geben und mit feuchten Händen zu einem Rechteck drücken.

Tomaten halbieren und auf den Teig legen. Die Pizza im vorgeheizten Backofen ca. 20-25 Min. backen.

*Alternativ kann man auch mageren Schinken nehmen. Diesen vorher klein würfeln.

2 Portionen

Gebratener BLUMENKOHL-REIS mit Gemüse

ZUTATEN

300 g Blumenkohl
1/2 TL Salz
1 TL Gemüsebrühpulver
1/2 Karotte
1/2 gelbe Paprika
1/2 rote Paprika
1 EL Öl zum Braten
3 Eier
1 EL Milch, 1,5%
2 EL Sojasauce
1 TL Currypulver
1 TL Ingwerpulver
1 Frühlingszwiebel, in Ringe geschnitten

TIPP: Dazu passt sehr gut das Hähnchenfleisch von den Street-Tacos (s. Seite 80). Dieses einfach untermischen. Sie erhalten dann 3 Portionen.

ZUBEREITUNG

Blumenkohl (in Stücken), Salz und Gemüsebrühpulver in den Mixtopf geben und **3 Sek./Stufe 4.5** hacken. Karotte in Scheiben schneiden, Paprika in Streifen. Öl in einer beschichteten Pfanne erhitzen und Gemüse und Blumenkohlreis anbraten.

Eier, Milch, Sojasauce und Gewürze in einer Tasse verquirlen. Über das heiße Gemüse geben, vermengen bis das Ei stockt und mit Frühlingszwiebelringen bestreut servieren.

FERTIG IN **15** Min.

TIPP: Wer es gerne scharf möchte, kann mit Sambal Oelek oder Srirachasauce nachwürzen.

MIT HÄHNCHEN (3 Portionen):

kcal	340
Protein	32,3 g
KH	13,8 g
Fett	16,4 g

PRO PORTION:

kcal	EW	KH	Fett
290 kcal	15,7 g EW	17,1 g KH	16 g Fett

FERTIG IN 25 Min.

PRO PORTION:

472 kcal | 27,4 g EW | 39 g KH | 21,1 g Fett

2 Portionen

PULPO a la Gallega

mit Kartoffeln

ZUTATEN

500 g	Wasser
400 g	Kartoffeln, geschält
1	rote Chilischote
10	grüne Oliven
1	rote Zwiebel
350 g	Pulpo, gegart
1 EL	Olivenöl
1 TL	Paprikapulver, geräuchert
etwas	Salz & Pfeffer
2 EL	Salatmayonnaise
2 TL	Sriracha-Sauce
1 EL	Wasser
etwas	frische Petersilie

ZUBEREITUNG

Wasser in den Mixtopf füllen und Kartoffeln in mundgerechte Stücke schneiden und in den Gareinsatz geben. Nun **18 Min./Varoma/Stufe 1** garen.
In der Zwischenzeit Chili, Oliven und Zwiebel klein schneiden. Pulpo in Scheiben schneiden. Salatmayonnaise mit Sriracha-Sauce und 1 EL Wasser in einer Schüssel verrühren.

6 Minuten bevor die Kartoffeln fertig sind Chili, Zwiebel und Pulpo in einer Pfanne mit Öl anbraten. Mit Paprikapulver und etwas Salz & Pfeffer würzen. Oliven und Kartoffeln aus dem Thermomix zugeben und mitbraten. Alles gut vermengen.
Auf 2 Tellern anrichten, mit Sauce beträufeln und mit gehackter Petersilie bestreut servieren.

2 Portionen

HÄHNCHEN *mit Gnocchi* in Tomaten-Rahm

ZUTATEN

300 g	Hähnchen- oder Putenschnitzel
1 TL	ital. Kräuter, getr.
1 TL	Paprikapulver, rosenscharf
1 EL	Öl zum Braten
150 g	Gnocchi (Kühltheke)
150 g	Cocktailtomaten, halbiert

FÜR DIE SAUCE

6-8	Basilikumblätter
1	Schalotte
200 g	passierte Tomaten
100 g	Wasser
20 g	Tomatenmark
etwas	Salz & Pfeffer
1 TL	Gemüsebrühpulver
1/2 TL	Oregano, getr.
50 g	Kochsahne, 15%

ZUBEREITUNG

Hähnchenfleisch in feine Streifen schneiden und mit ital. Kräutern und Paprikapulver würzen. In einer Pfanne mit Öl anbraten. Gnocchi zugeben und mitbraten.

Basilikum und Schalotte im Mixtopf **5 Sek./Stufe 5** zerkleinern. Restliche Zutaten für die Sauce zugeben und **10 Sek./Stufe 5** mixen. Sauce mit in die Pfanne geben, Cocktailtomaten zugeben und alles erhitzen.

PRO PORTION:

494 kcal	43,6 g EW	35,4 g KH	18,8 g Fett

FERTIG IN 20 Min.

TIPP: Wer kein Fleisch möchte, kann auch Räuchertofu oder Garnelen verwenden.

PRO PORTION:

335 kcal	30,6 g EW	25,5 g KH	11,4 g Fett

DAZU SERVIERT MAN BASMATIREIS ODER SALAT.

3 Portionen

Chicken KUNG PAO mit Ananas

ZUTATEN

350 g	Hähnchenbrustfilet
2 EL	Sojasauce
etwas	Pfeffer, gem.
1	rote Paprika (120 g)
1	grüne Paprika (120 g)
2	Frühlingzwiebeln
100 g	Ananas
25 g	Erdnüsse
1 EL	Sesamöl zum Braten

FÜR DIE SAUCE

15 g	Ingwer
4	Knoblauchzehen
1	rote frische Chilischote
125 g	Wasser
1 TL	Hühnerbrühe, Instant
40 g	Sojasauce
2 TL	Speisestärke
1 EL	Sriracha-Sauce
20 g	Zucker
20 g	Apfelessig
1 TL	Mirin (süßer Reiswein)
1 TL	Reisessig

ZUBEREITUNG

Hähnchenbrust in Würfel schneiden und mit 2 EL Sojasauce mischen. Mit etwas Pfeffer würzen. Paprika in grobe Stücke schneiden. Frühlingszwiebeln in Ringe und Ananas in Würfel schneiden.

Ingwer, Knoblauch und Chili im Mixtopf **5 Sek./Stufe 6** hacken. Restliche Zutaten für die Sauce zugeben und **5 Min./100°C/Stufe 3** garen.

Eine Pfanne mit Sesamöl erhitzen. Fleisch anbraten. Paprika zugeben und mitbraten. Sauce aus dem Mixtopf, Ananas, Frühlingszwiebelringe und Erdnüsse mit in die Pfanne geben, kurz aufkochen und servieren.

2 Portionen

Knoblauch-SAHNE-LACHS

mit Tomaten & Zucchini

ZUTATEN

250 g	Lachsfilet
etwas	Salz, Pfeffer und Paprikapulver
1 TL	ital. Kräuter, getr.
2	Knoblauchzehen
1 kl.	Zucchini
200 g	Cocktailtomaten
1 EL	geriebener Parmesan
150 g	Kochsahne, 15% Fett
50 g	Milch, 1,5%

Zubehör:
Auflaufform 20 x 30 cm

TIPP: Dazu passt sehr gut grüner Blattsalat.

ZUBEREITUNG

Backofen auf 180°C Umluft vorheizen.
Lachs in eine Auflaufform legen, mit Salz, Pfeffer, Paprikapulver und ital. Kräuter würzen. Knoblauch in Scheiben schneiden und auf den Lachs legen.

Zucchini in Stücke schneiden und zusammen mit den Cocktailtomaten neben dem Lachs platzieren. Parmesan mit Sahne und Milch mischen und mit etwas Salz und Pfeffer würzen. Über den Fisch gießen und im Backofen ca. 20-25 Min. garen.

FERTIG IN 30 Min.

PRO PORTION:

463 kcal | 33 g EW | 11,7 g KH | 31,3 g Fett

2 Portionen

Blumenkohl-FLAMMKUCHEN

mit Schmand & Lachs

ZUTATEN

500 g Blumenkohl, in Röschen
1 TL Salz
2 Eier
60 g geriebener Käse, light
1 TL Knoblauch, granuliert
100 g Schmand
90 g Räucherlachs
1 Frühlingszwiebel
etwas Pfeffer, frisch gem.

ZUBEREITUNG

Backofen auf 180°C Umluft vorheizen.
Blumenkohl und Salz in den Mixtopf geben und **5 Sek./Stufe 5** zerkleinern. Im Mixtopf 5 Min. ziehen lassen. Danach auf ein sauberes Geschirrtuch geben und Flüssigkeit ausdrücken. Wieder in den Mixtopf geben. Eier, Käse und Knoblauchpulver zugeben und **10 Sek./Stufe 4** mixen.

Ein Backblech mit Backpapier belegen und Masse darauf zu einem Fladen ca. 1,5 cm dick glatt drücken. Im vorgeheizten Backofen ca. 20 Min. backen. Aus dem Ofen nehmen, mit Schmand, Lachs und Frühlingszwiebelringen belegt servieren. Mit frisch gemahlenem Pfeffer würzen.

TIPP: Der Teig eignet sich auch für Pizza. Einfach backen, mit Tomatensauce bestreichen und belegen. Dann nochmal in den Ofen.
FERTIG IN
30 Min.
PRO PORTION:
439
kcal
32,3 g EW
8,8 g KH
28,5 g Fett

\- Platz für eigene Eintragungen -

NOTIZEN